笑《え》顔《がお》は、みんなの心《こころ》を明《あか》るくします。

ひまわり #1

笑顔《えがお》のチカラ

なんだ みんなここに いたの？
父《とう》さん おばあちゃん ？…
姉《ねえ》ちゃん どうしたの？
母《かあ》さん!?
どうしちゃったの？
ねえ みんな…
いやだあ〜〜
みんな元気でなきゃ

フフフ… そんないやな 夢《ゆめ》を見《み》たのかい
おまえ一人《ひとり》 昨日《きのう》のような イヤな顔《かお》してたら 家中《うちじゅう》のみんなが つまらないわ
悪《わる》かった事《こと》は 素直《すなお》に反省《はんせい》して スマイル スマイル！
笑顔《えがお》は 周《まわ》りのみんなを 明《あか》るくするし
自分《じぶん》の暗《くら》い 気持《きも》ちも 元気《げんき》にして くれるわよ
この鏡《かがみ》 おまえに あげるから いやな事《こと》が あった時《とき》開《ひら》いて のぞいてみると いい
自分《じぶん》が どんな顔《かお》 してるか
いつまでも いや～な顔《かお》 してたって、何《なん》にも 始《はじ》まらないよ スマイル！ スマイル！
こう？
ニコッ

え〜〜？先生《せんせい》が？
チェッ
あ いけね
素直《すなお》に反省《はんせい》して… スマイル スマイル
職員室
まったく…いつも私《わたし》の言《い》うこと聞《き》かないの！
今日《きょう》という今日《きょう》はガツンといってやろうと思《おも》ってるの
ヨシコ先生《せんせい》来《き》ましたよ
蓮《れん》くん、なぜここへ呼《よ》ばれたかわかりますか？
はい。先生《せんせい》すみませんでした
今度《こんど》から宿題《しゅくだい》、忘《わす》れないよう勉強《べんきょう》もがんばります
わかればよろしい
ごめんなさい
？
先生《せんせい》、ガツンと言《い》うんじゃなかったんですか？
いつもと調子《ちょうし》がちがうんで拍子抜《ひょうしぬ》けしちゃった…
素直《すなお》ないい子《こ》じゃないですか

ハハハ…
また先生《せんせい》に
しかられてんの
しかられボーズ
やーい、やーい
ハハハ
や〜い
えへへ…
また
しかられ
ちゃった
どうした
んだ？
蓮《れん》のやつ…
いつもと
ちがうな
いつもだったら
コンチクショーって
思《おも》うけど
ばあちゃんに
もらったこの鏡《かがみ》の
おかげだ…
笑《え》顔《がお》で
いると…
本当《ほんとう》に
気《き》持《も》ちが
元《げん》気《き》になって
きた
よ〜〜し
勉強《べんきょう》も
頑《がん》張《ば》るぞ!!
うう
〜〜ん

蓮《れん》あんたが勉強《べんきょう》だなんて珍《めず》らしいね
母《かあ》さんを怒《おこ》らせてイヤ～な顔《かお》にさせちゃったから
今度《こんど》はちゃんと勉強《べんきょう》して母《かあ》さんを笑顔《えがお》にするんだ
へえ～あんたがねぇ
よし、わからない所《ところ》あったら私《わたし》にききなよいつでも教《おし》えてやるからさ
どうだい毎朝鏡《まいあさかがみ》をのぞいて学校《がっこう》へ行《い》くようになってからは心《こころ》が明《あか》るく元気《げんき》になっただろ？
うん毎日《まいにち》元気《げんき》モリモリ！
いってきまーす
おはよういってらっしゃい
おはようさん！
おはようございます
新聞屋《しんぶんや》さんごくろうさまでーす

おー！朝《あさ》から元気《げんき》だな！
いってきまーす
エリちゃんてつだおうか？
ありがとう高《たか》くて困《こま》ってたの…
ケンちゃんかわってくれない？
え〜いやだよ
あたしも今日《きょう》はダメなんだごめ〜ん
困《こま》ったな〜
どうしたの？
なーんだそんな事《こと》ならボクがやっといてやるよ！そうじと花《はな》の水《みず》やりだね早《はや》く妹《いもうと》保育園《ほいくえん》にむかえにいってやんなよ
え〜っ本当《ほんとう》!?助《たす》かる〜〜！
蓮《れん》くんこんどうちでいっしょに宿題《しゅくだい》やろうね

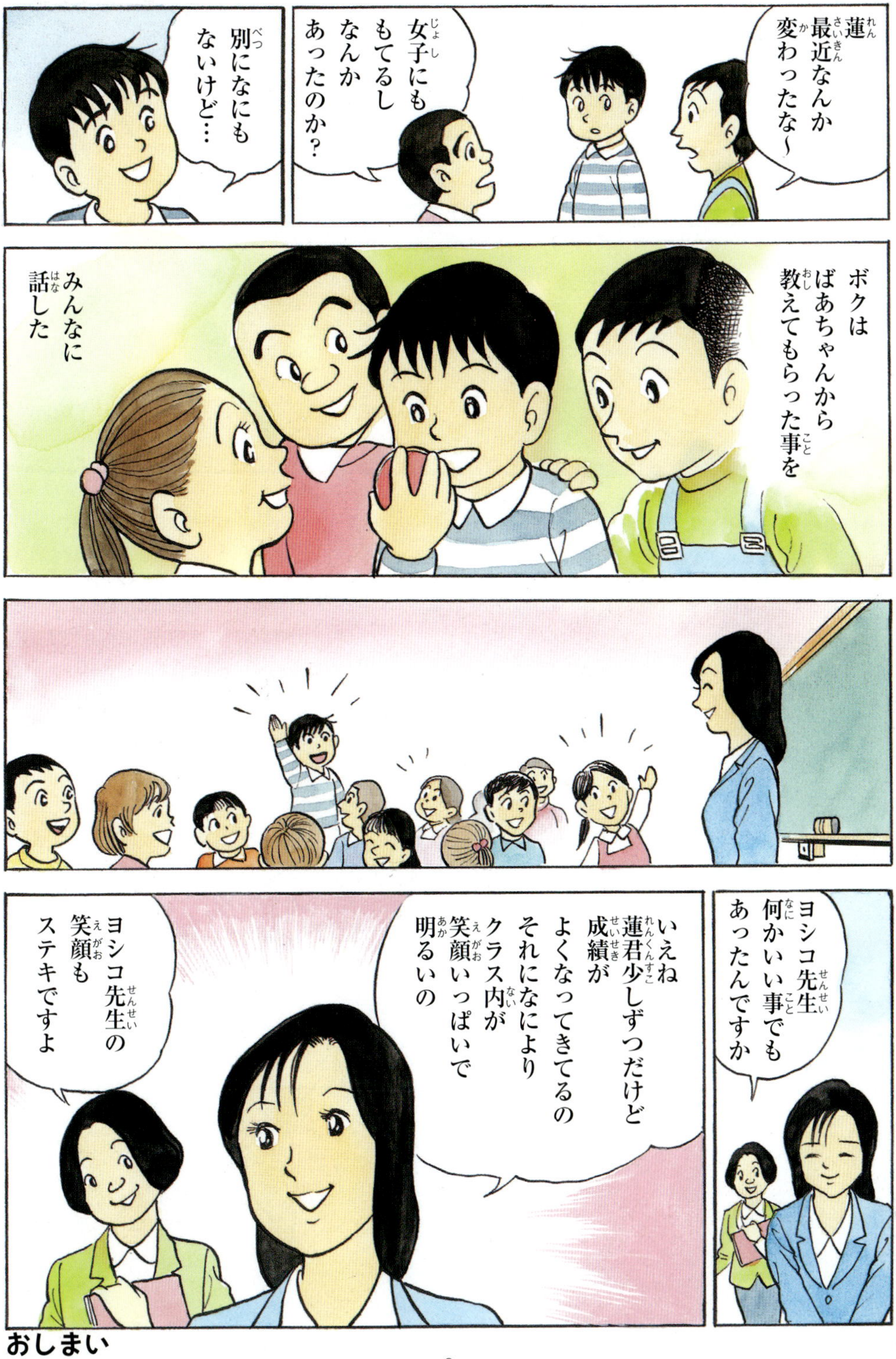
蓮《れん》最近《さいきん》なんか変《か》わったな～
女子《じょし》にももてるしなんかあったのか？
別《べつ》になにもないけど…
ボクはばあちゃんから教《おし》えてもらった事《こと》を
みんなに話《はな》した
ヨシコ先生《せんせい》何《なに》かいい事《こと》でもあったんですか
いえね蓮君少《れんくんすこ》しずつだけど成績《せいせき》がよくなってきてるのそれになによりクラス内《ない》が笑顔《えがお》いっぱいで明《あか》るいの
ヨシコ先生《せんせい》の笑顔《えがお》もステキですよ

おしまい

困《こま》っている人《ひと》がいたら、
寄《よ》り添《そ》ってあげましょう。

ひまわり #2

守《まも》れなかった約束《やくそく》

エリちゃんと蓮《れん》くんの二人《ふたり》ごくろうさまですよろしくね
エリちゃんやっぱり無理《むり》よ
どうしたの?
これを一階《かい》まで運《はこ》んだけど重《おも》くて…
そんなのボクにまかせてよ
エリちゃんにはいつも助《たす》けてもらってるじゃんヨッと!
ありがとう!
蓮《れん》くんと私《わたし》日曜日《にちようび》ウサギのエサやり当番《とうばん》だよ
ああそうだったね
朝《あさ》9時《じ》だよいい?忘《わす》れないでよ約束《やくそく》だよ
大丈夫《だいじょうぶ》!忘《わす》れないよ
じゃ日曜日《にちようび》9時《じ》にね

日曜日《にちようび》
どうしたの…
ウエ～ン
グスン
グスーン
おサイフ落《お》としちゃった
え～!
お金《かね》ははいってたの?
はいってないけどお姉《ねえ》ちゃんにもらっただいじなサイフなの
いっしょにさがしてあげるからもう泣《な》かないで!
どんなサイフ?
キティちゃん
このあたりで遊《あそ》んでたの?
ブランコとすべり台《だい》

じゃそっちの方《ほう》さがそう
ないなぁ
近《ちか》くの交番《こうばん》へ行《い》ってみようか
だれかひろって届《とど》けてくれてるかもしれないし
長森交
いやーサイフは届《とど》いてないなぁ
グスッ
ウエ〜ン
キミたち兄妹《きょうだい》かい？
ちがいます
交通安全週間
うわ〜もうとっくに過《す》ぎてる〜
おまわりさん！
これそこでひろったんですが…

あ〜 あたしの キティちゃん!
バイバーイ
よかったね みつかって
長森交番
じゃ 気《き》をつけて 帰《かえ》るんだよ
おうち わかん ない!
え?
そんなぁ〜 エリちゃんと 約束《やくそく》してる のに〜
帰《かえ》る道《みち》 わかん な〜い!
どう? 思《おも》い出《だ》した?
え〜と こっち かな
おそいなあ 蓮《れん》くん… どうしたんだ ろう
忘《わす》れ物《もの》は しても
当番《とうばん》さぼったり しないのに なにかあったのかしら

こりゃ　エリちゃん
頭《あたま》にきて
帰《かえ》っちゃった
だろうな
お兄《にい》ちゃん！
なに？
つかれた〜
おんぶ！
らくちん
らくちん
あ　雪《ゆき》…
寒《さむ》くない？
おてて
冷《つ》めたい…
お兄《にい》ちゃんの
手《て》袋《ぶくろ》
はめてごらん
どう？
あったかい
だろ？
うん
家《いえ》の近《ちか》くに
なにか
目立《めだ》つ
ような物《もの》は
なかった？
赤《あか》い
ポストが
あったよ
郵便局《ゆうびんきょく》か
あー
あった
この辺《へん》
かい？
うん
そう

お兄《にい》ちゃんもう行《い》くよ一人《ひとり》で帰《かえ》れるね
うん
ずいぶんおそくなっちゃった
エリちゃんごめんよ
チーコ!
お姉《ねえ》ちゃん!
どこへいってたの?
あのね…
エリちゃん一人《ひとり》でエサやってくれたんだ
あしたあやまらなくっちゃ
あ手袋《てぶくろ》…
え~そんな事《こと》があったの?
とってもやさしいお兄《にい》ちゃんだったよ
あれ?その手袋《てぶくろ》…どうしたの?
寒《さむ》かったからお兄《にい》ちゃん貸《か》してくれた

蓮《れん》くんの手袋《てぶくろ》!!
じゃ困《こま》って泣《な》いてたチーコをやさしく親切《しんせつ》にしてくれたのは蓮《れん》くん…
いつもよく忘《わす》れ物《もの》をする蓮《れん》くん
でも私《わたし》は蓮《れん》くんのとってもステキな所《ところ》を知《し》ってる
エリちゃんきのうはごめん！おそくなっちゃって…
だめでしょ大事《だいじ》な物《もの》忘《わす》れていったら
はい
えっ…なんでエリちゃんが手袋《てぶくろ》を？
あ あの子《こ》…
きのうは妹《いもうと》を助《たす》けてくれてありがとうチーコとっても喜《よろこ》んでた
私《わたし》もうれしかったよ

おしまい

誰《だれ》も見《み》ていなくても、
仏《ほとけ》さまが見《み》ていらっしゃいます。

ひまわり #3

じいちゃんのサツキ

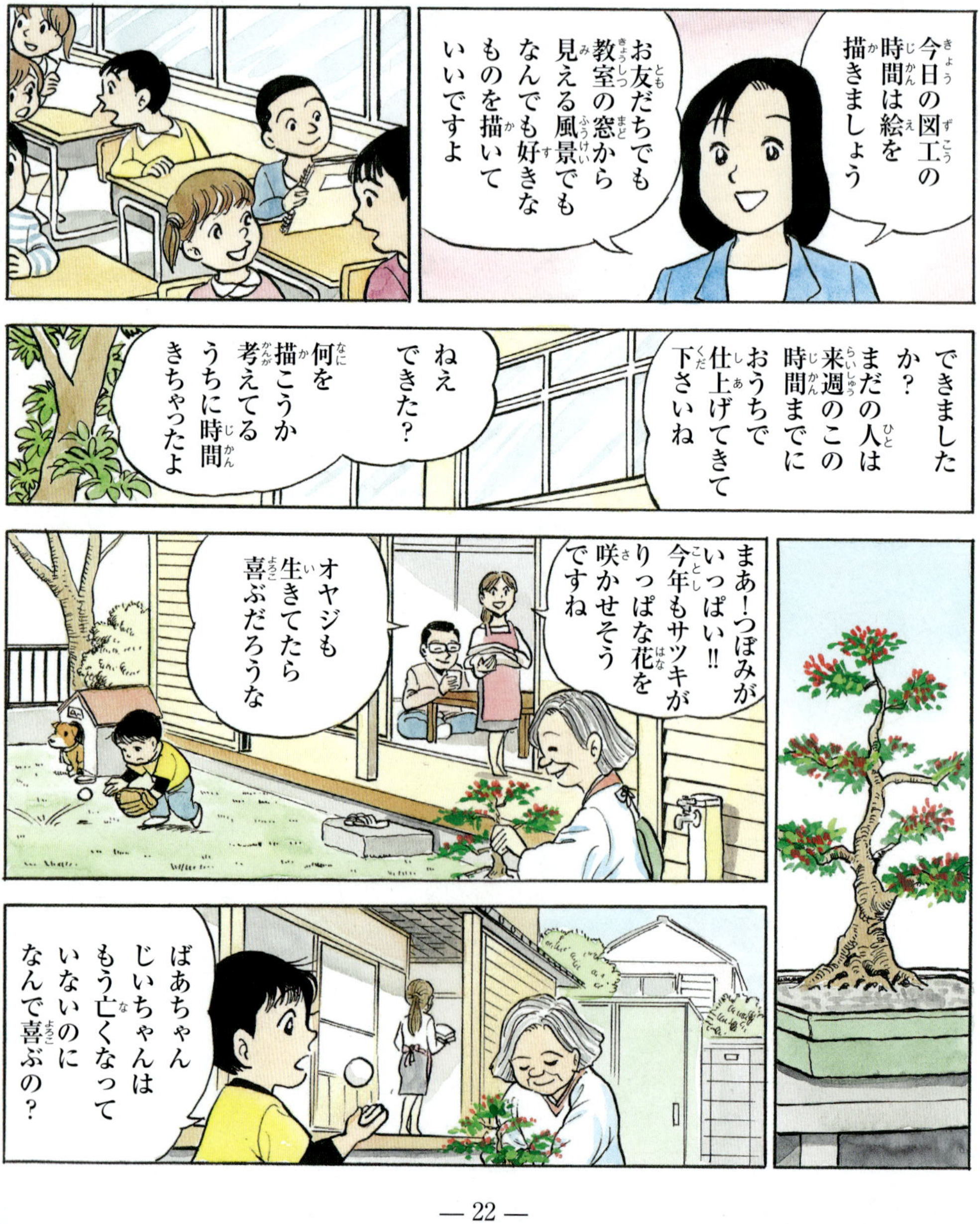
今日《きょう》の図工《ずこう》の時間《じかん》は絵《え》を描《か》きましょう
お友《とも》だちでも教室《きょうしつ》の窓《まど》から見《み》える風景《ふうけい》でもなんでも好《す》きなものを描《か》いていいですよ
できましたか？まだの人《ひと》は来週《らいしゅう》のこの時間《じかん》までにおうちで仕《し》上《あ》げてきて下《くだ》さいね
ねえできた？
何《なに》を描《か》こうか考《かんが》えてるうちに時間《じかん》きちゃったよ
まあ!つぼみがいっぱい!!今年《ことし》もサツキがりっぱな花《はな》を咲《さ》かせそうですね
オヤジも生《い》きてたら喜《よろこ》ぶだろうな
ばあちゃんじいちゃんはもう亡《な》くなっていないのになんで喜《よろこ》ぶの？

このサツキはね
じいちゃんが生《い》きてた時《とき》とても大切《たいせつ》に育《そだ》ててたの
亡《な》くなってからは私《わたし》が世話《せわ》をしているんだよ
へえ そんなに大切《たいせつ》なものだったの？
花《はな》をつけると毎年《まいとし》、じいちゃんに「今年《ことし》も咲《さ》いたよ」って見《み》せてあげるの
今年《ことし》も喜《よろこ》んでくれるわ
ピュッ
ポコッ
ピュッ
!!
ボコッ

ガシャン
うわ〜〜っ
おれちゃったよ〜〜
どどうしよう…
だれも見《み》てない…
カチャカチャ
ムー
？

何《なん》の音《おと》？
ああっ
お おばあちゃん サツキが！
蓮《れん》！ あなた!?
ちがう！ ボクじゃない …
ムーが とびかかって 割《わ》っちゃったんだ!!
あ〜あ つぼみも ほとんど 落《お》ちちゃって… 今年《ことし》は花《はな》は 無理《むり》ね…
だめ じゃないの コラッ！
……
大丈夫《だいじょうぶ》！ 枝《えだ》はおれたけど 枯《か》れちゃった わけじゃない から
また世話《せわ》して やれば来年《らいねん》 きっと花《はな》を つけてくれるよ

ごちそうさま
え？もう終《お》わり？ぜんぜん食《た》べてないじゃない
蓮《れん》の好《す》きなアニメ始《はじ》まるわよ
いいよ なんだか気分《きぶん》が悪《わる》いんだ
う う…
うう… どうしてだろ… 苦《くる》しい
蓮《れん》
蓮《れん》
だれ？
じ じいちゃん …
おまえにはわかっているはずだよ
それに おまえの したことは 仏《ほとけ》さまも おじいちゃんも ちゃんと 知《し》っているんだよ
キュウ～ン

ごめんなさい！ごめんなさい！
蓮《れん》
蓮《れん》
ばあちゃん
トイレに起《お》きたら大《おお》きな声《こえ》が聞《き》こえたから…大丈夫《だいじょうぶ》かい？
ばあちゃんごめんなさいボ、ボクウソついていた
サツキをこわしたのボクなんだごめんなさい
そう…よく本当《ほんとう》のことを話《はな》してくれたね
ボク苦《くる》しくて苦《くる》しくてこんな苦《くる》しい思《おも》いをするならウソつかなきゃよかった

でもじいちゃんがおしえてくれたんだ
そうおじいちゃんが？
蓮《れん》だれも知《し》らないと思《おも》っても仏《ほとけ》さまはちゃんと見《み》てらしてなんでもごぞんじなんだよ
ばあちゃん本当《ほんとう》にごめんなさい
あしたみんなにボクあやまるよ
うんそれがいいね
それからあいつにも
え？
ムーにもちゃんとあやまらないと

数日後《すうじつご》
みなさんの絵《え》、先生《せんせい》見《み》せてもらいました
みんなよく描《か》けてましたね
蓮《れん》野球《やきゅう》しようぜ
ごめん今日《きょう》は早《はや》く帰《かえ》る
うしろの掲示板《けいじばん》に張《は》りましょうか？
先生《せんせい》ボク もって帰《かえ》っちゃだめ？
そりゃかまわないけど…
きっとおじいちゃんも喜《よろこ》んでくれるよ
じいちゃん見《み》える？
3年4組
南 れん

おしまい

家《いえ》のお手《て》伝《つだ》いをすると
みんなの苦《く》労《ろう》がわかり、
身《み》の周《まわ》りのものが
大《たい》切《せつ》なものに見《み》えてきます。

ひまわり #4

たいせつなこと

プラモデル ゲーム・フィギュア
おもちゃのエース
おもちゃのエース
ダンガムのフィギュアだね
うん ボク、これ欲《ほ》しいんだ
フィギュア
ダンガム
でも高《たか》くて ボクのおこづかいじゃ買《か》えないよ
そうだな…
ねえ 福引《ふくび》きだって 千円《えん》分《ぶん》の おもちゃ券《けん》が 当《あた》るんだって…
初回無料《しょかいむりょう》 だって… やろうよ
福引
初回無料
そんなの当《あた》るわけ…
福引
当《あた》ったーっ!
1000円
おもちゃ券
はずれ

おじさん これで ダンガム 買《か》える？
ああ でも発売《はつばい》は 明日《あした》だよ
最新アイテム
FIGURATION
ボク明日《あした》 必《かなら》ずくるから とっておいてよ
蓮《れん》くん よかった ね
うん 明日《あした》が まちどお しいよ
ただいま〜
蓮《れん》、どうしたの？ ごきげんだね
へへっ福引《ふくび》きで おもちゃ券《けん》千円《えん》が 当《あた》ったんだ
千円《えん》？
ほら ここに… あれ？
な ない…
落《お》とし ちゃった…

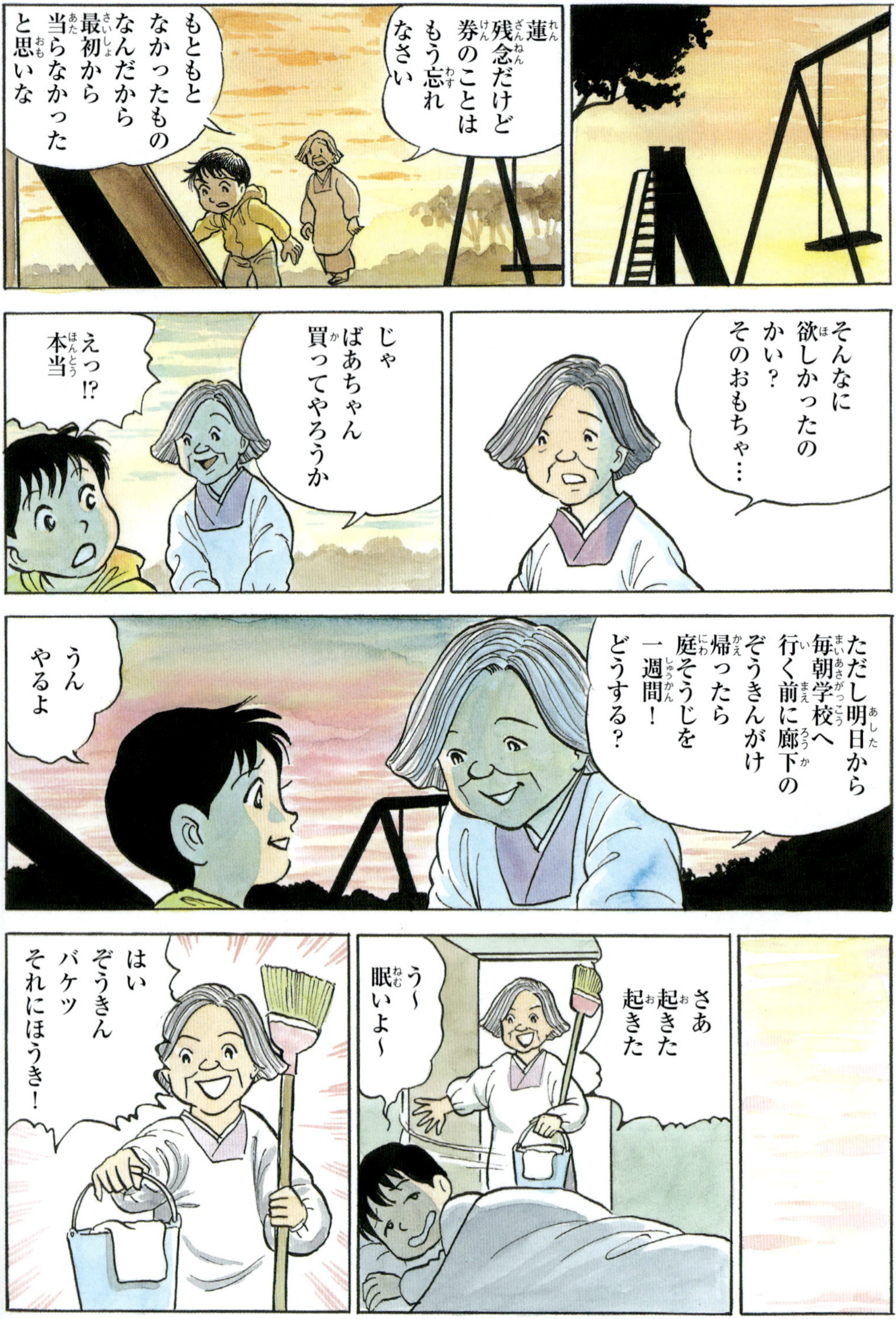

蓮《れん》 残念《ざんねん》だけど 券《けん》のことは もう忘《わす》れ なさい
もともと なかったもの なんだから 最初《さいしょ》から 当《あた》らなかった と思《おも》いな
そんなに 欲《ほ》しかったの かい？ そのおもちゃ…
じゃ ばあちゃん 買《か》ってやろうか
えっ!? 本当《ほんとう》
ただし明日《あした》から 毎朝学校《まいあさがっこう》へ 行《い》く前《まえ》に廊下《ろうか》の ぞうきんがけ 帰《かえ》ったら 庭《にわ》そうじを 一週間《しゅうかん》！ どうする？
うん やるよ
さあ 起《お》きた 起《お》きた
う～ 眠《ねむ》いよ～
はい ぞうきん バケツ それにほうき！

うわ～ 冷《つめ》た～
さっさと やらないと 学校《がっこう》 おくれるよ
義母《かあ》さん どうしたの？
蓮《れん》がね 家《いえ》の手伝《てつだ》いを してくれる事《こと》に なったの
まぁ 助《たす》かる～
もっと ぞうきんの 水《みず》をしぼって ビショビショ じゃないの
すみっこ ふけてないよ やり直《なお》し！
は～い
ジョボ ジョボ

ただいま
竹《たけ》ボウキとチリトリ出《だ》しといたよよろしく!
ザッ ザッ
宇《う》宙《ちゅう》の平和《へいわ》を守《まも》るためゆけ〜ダンガム〜
蓮《れん》く〜ん遊《あそ》ぼ!
ごめん家《いえ》の手《て》伝《つだ》いでいそがしいんだ
そして一週間《しゅうかん》…
うわあい

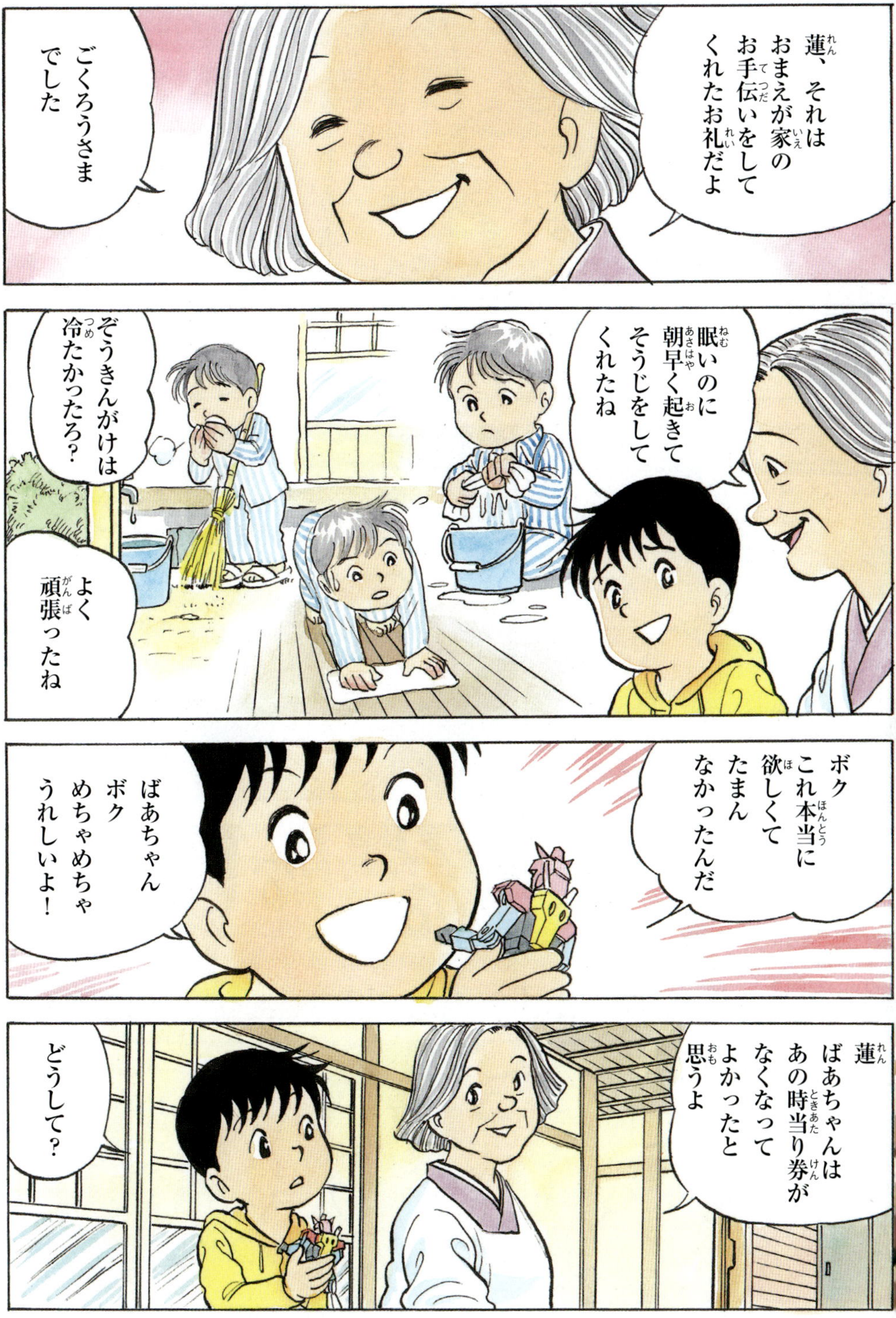
蓮《れん》、それはおまえが家《いえ》のお手伝《てつだ》いをしてくれたお礼《れい》だよ
ごくろうさまでした
眠《ねむ》いのに朝早《あさはや》く起《お》きてそうじをしてくれたね
ぞうきんがけは冷《つめ》たかったろ？
よく頑張《がんば》ったね
ボクこれ本当《ほんとう》に欲《ほ》しくてたまんなかったんだ
ばあちゃんボクめちゃめちゃうれしいよ！
蓮《れん》ばあちゃんはあの時当《ときあた》り券《けん》がなくなってよかったと思《おも》うよ
どうして？

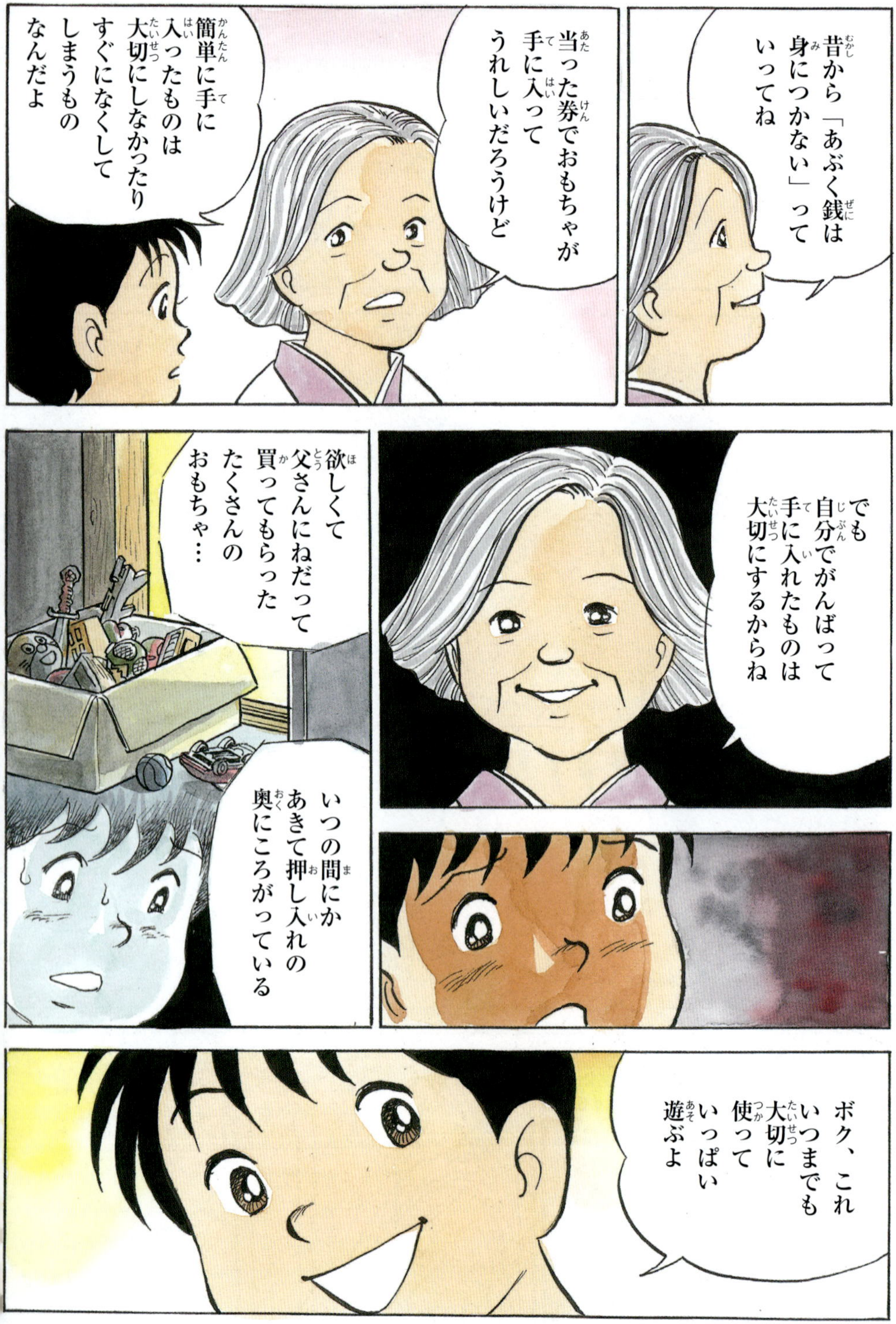
昔《むかし》から「あぶく銭《ぜに》は身《み》につかない」っていってね
当《あた》った券《けん》でおもちゃが手《て》に入《はい》ってうれしいだろうけど
簡単《かんたん》に手《て》に入《はい》ったものは大切《たいせつ》にしなかったりすぐになくしてしまうものなんだよ
でも自分《じぶん》でがんばって手《て》に入《い》れたものは大切《たいせつ》にするからね
欲《ほ》しくて父《とう》さんにねだって買《か》ってもらったたくさんのおもちゃ…
いつの間《ま》にかあきて押《お》し入《い》れの奥《おく》にころがっている
ボク、これいつまでも大切《たいせつ》に使《つか》っていっぱい遊《あそ》ぶよ

ばあちゃんありがとう
私《わたし》もおまえが家《いえ》の手伝《てつだ》いをしてくれたことに感謝《かんしゃ》してるよ
蓮《れん》おフロ入《はい》りなさい
フィギュアでず～っと遊《あそ》んでるわ
あらら…遊《あそ》びながら寝《ね》ちゃった
くたびれたんだろうね
ク～

おしまい

人《ひと》に親切《しんせつ》にすると、
とても気《き》持《も》ちがよくなります。

ひまわり #5

なくしたサイフ

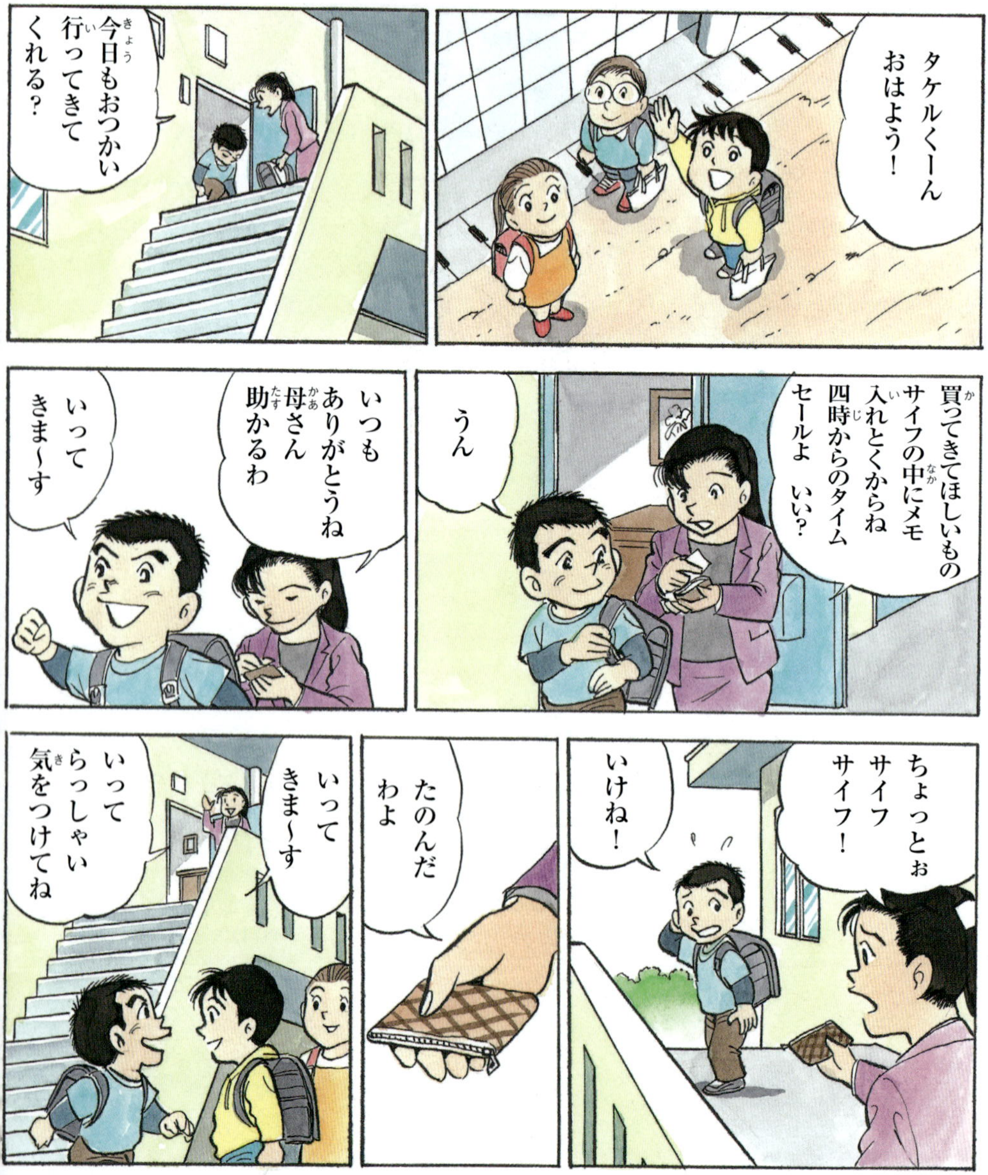

ガタ
ガタ
タケルくん キミも今日《きょう》 そうじ当番《とうばん》だよ はい！
オレ 今日《きょう》用《よう》があるんだ 悪《わる》いけど帰《かえ》る！
だめだよ クラスで決《き》めたルールなんだから それにこの前《まえ》の時《とき》も早《はや》く帰《かえ》っちゃったじゃないか！
うるさいなぁ
なんだよいい子《こ》ぶって!!

やりゃあ いいんだろ⁉ やりゃ！
そんな乱暴《らんぼう》なはき方《かた》だめだよ～
じゃあな
タタタ…
チェッ 蓮《れん》のやつ…
早《はや》く行《い》かないとタイムサービスにおくれちゃうよ
あれ？

サイフだ
チャリ…
お金《かね》も入《はい》ってる
トスーパ
缶詰
インスタントフード
五百二十円《えん》です
あれ？
おかしいな
ゴン
ゴン
ぼうやお金《かね》ないのかい？
製品
あれ？おかしいな
いくらかしら？
五百二十円《えん》です

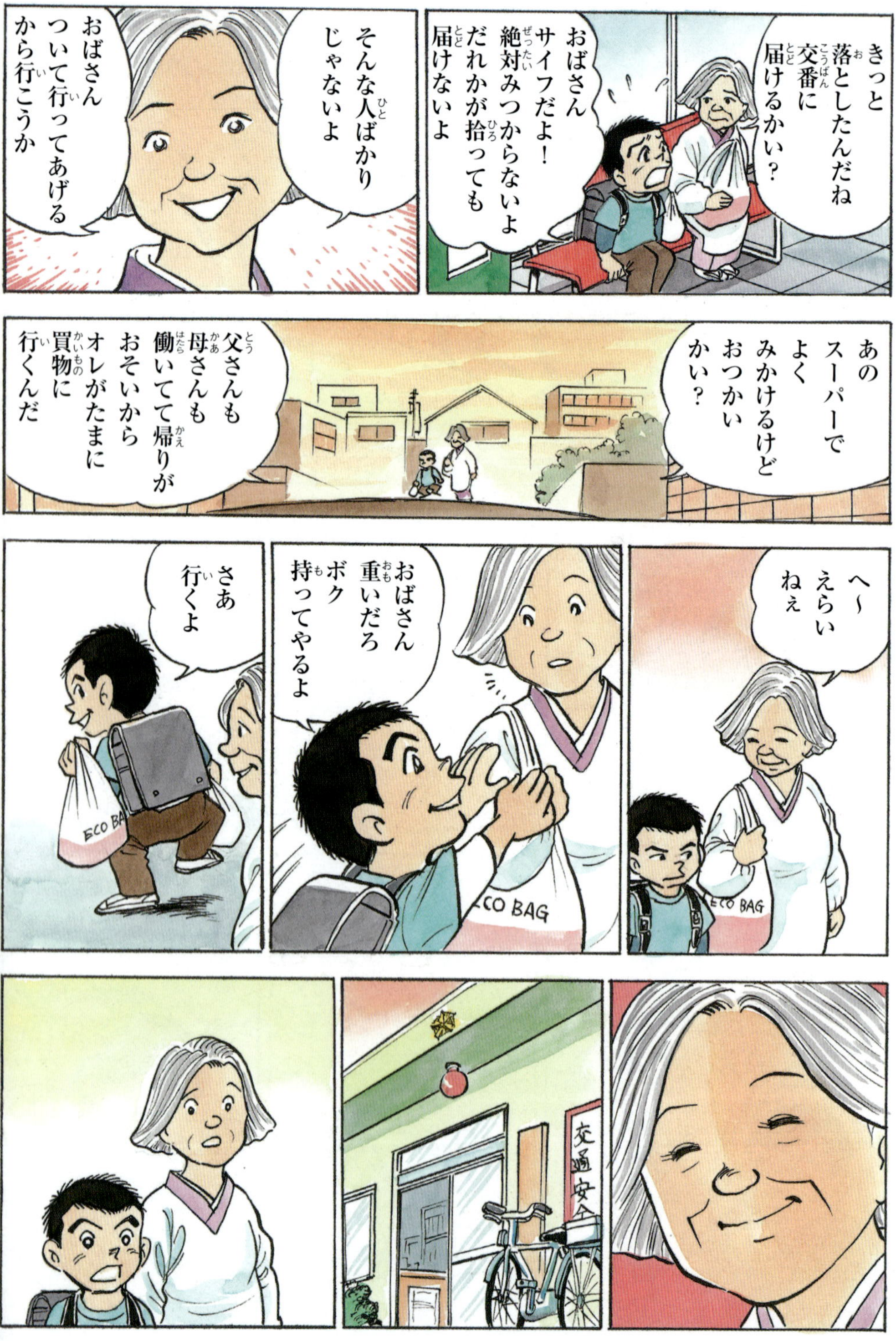

きっと落《お》としたんだね交番《こうばん》に届《とど》けるかい？
おばさんサイフだよ！絶対《ぜったい》みつからないよだれかが拾《ひろ》っても届《とど》けないよ
そんな人《ひと》ばかりじゃないよ
おばさんついて行《い》ってあげるから行《い》こうか
あのスーパーでよくみかけるけどおつかいかい？
父《とう》さんも母《かあ》さんも働《はたら》いてて帰《かえ》りがおそいからオレがたまに買物《かいもの》に行《い》くんだ
へ～えらいねぇ
ECO BAG
おばさん重《おも》いだろボク持《も》ってやるよ
さあ行《い》くよ
交通安

おまえ、ここで何《なに》してる？
蓮《れん》…
これ拾《ひろ》ったから…
あ～オレのサイフだ
え～タケルくんのだったの？
なぁ～んだ二人《ふたり》は同級生《どうきゅうせい》だったの？
よかったね
おばさんさっき払《はら》ってくれたお金《かね》返《かえ》すよ
いいよ、キミは荷物《にもつ》が重《おも》いだろうって持《も》ってくれたしおだちんよ！
でも～
子《こ》どもが遠慮《えんりょ》するもんじゃないよ
蓮《れん》ありがとうな！
帰《かえ》りは蓮《れん》が荷物《にもつ》を持《も》ってやれよじゃあな
うん

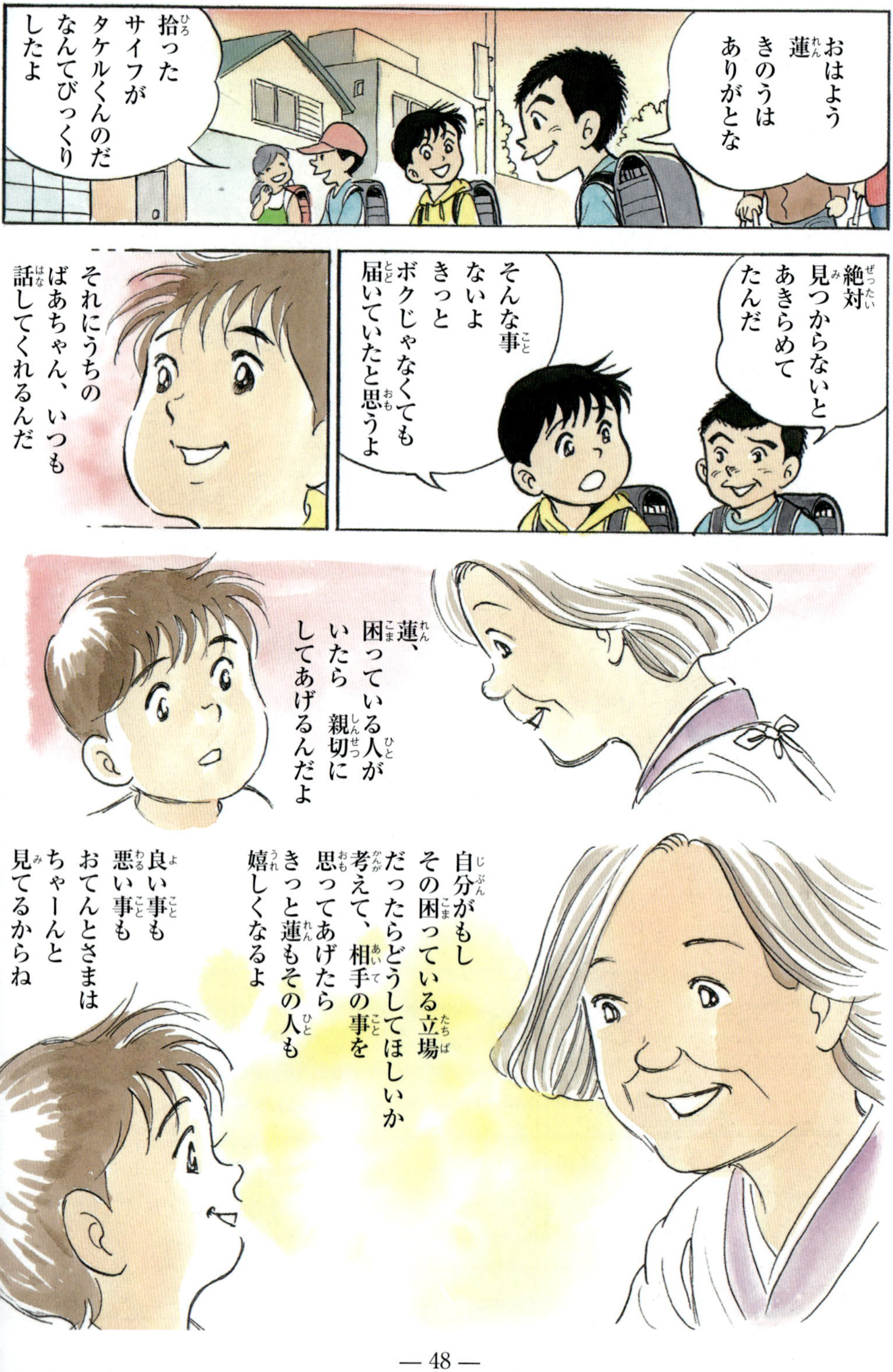
おはよう 蓮《れん》 きのうは ありがとな
拾《ひろ》った サイフが タケルくんのだ なんてびっくり したよ
絶対《ぜったい》 見《み》つからないと あきらめて たんだ
そんな事《こと》 ないよ きっと ボクじゃなくても 届《とど》いていたと思《おも》うよ
それにうちの ばあちゃん、いつも 話《はな》してくれるんだ
蓮《れん》、 困《こま》っている人《ひと》が いたら 親切《しんせつ》に してあげるんだよ
自分《じぶん》がもし その困《こま》っている立場《たちば》 だったらどうしてほしいか 考《かんが》えて、相手《あいて》の事《こと》を 思《おも》ってあげたら きっと蓮《れん》もその人《ひと》も 嬉《うれ》しくなるよ
良《よ》い事《こと》も 悪《わる》い事《こと》も おてんとさまは ちゃーんと 見《み》てるからね

サイフが見《み》つかって タケルくんも 喜《よろこ》んでくれて ボクもうれしかった
きのう ばあちゃんから きいたんだけど タケルくん スーパーに よくおつかいに 行《い》くんだって？
その時《とき》 そうじ当番《とうばん》に あたってたら いいなよ ボクやエリや 守《まも》くん… だれか代《か》わって やるからさ
おう 悪《わる》いな
そういえば ばあちゃんがね 「タケルくんって やさしい いい子《こ》だね」 って 喜《よろこ》んでたよ
え～ そうかぁ～
おまえの ばあちゃんと また会《あ》いたいし 今度《こんど》 おまえんち 行《い》って いいか？
来《き》なよ 来《き》なよ ばあちゃんも 喜《よろこ》ぶよ

おしまい

お互《たが》いに助《たす》け合《あ》う姿《すがた》は、
尊《とうと》く美《うつく》しいものです。

ひまわり #6

タケルくんのカレー

夕方《ゆうがた》には帰《かえ》るから
おやつは冷蔵庫《れいぞうこ》に入《い》れとくからね
わかったわ まかせといて
チチッ
チッ
じゃお願《ねが》いね 行《い》って来《き》ます
いってらっしゃい 気《き》をつけてね
あ〜
それ！ダンガムの最新刊《さいしんかん》じゃん
タケルくんの？それ
3組《くみ》の高井《たかい》くんから借《か》りたんだ
いいなぁ 読《よ》んだら次《つぎ》貸《か》してよ
だめだよ 読《よ》んだらすぐに返《かえ》してくれって言《い》われてるもん

きのうもそうじ当番《とうばん》かわってやっただろ？
貸《か》してくれたっていいじゃないか！
ごめん…人《ひと》に借《か》りた本《ほん》勝手《かって》に貸《か》せないよ

おそいな 父《とう》さん達《たち》…
おなか すいた!
もうじき 帰《かえ》ってくる わよ
トルルル…
トルル…
!!
うん… うん わかった
母《かあ》さんが「車《くるま》 渋滞《じゅうたい》してて おそくなるから コンビニで何《なに》か買《か》って 食《た》べて」って
じゃ 私《わたし》が何《なに》か 作《つく》ったげるよ 何《なに》がいい?
カレー!!
でも 姉《ねえ》ちゃん カレー 作《つく》れるの?
なめんじゃ ないわよ
父《とう》さん 達《たち》も 食《た》べられるように 多《おお》めに作《つく》っと こうか
KEIKO
じゃがいも… にんじん 玉《たま》ねぎ… お肉《にく》…

カレーのルウ…あった！
ごはんも炊《た》かなきゃ
RICE BOX
でもどれだけ炊《た》けばいいのかしら
炊飯器《すいはんき》スイッチこれかな？
姉《ねえ》ちゃんそんなんで大丈夫《だいじょうぶ》かよ～
うるさいわね～あんたも手伝《てつだ》いなよ
もういいからコンビニへ行《い》ってこようよ
ピンポーン
あ
母《かあ》さん達《たち》だ
ドドドド
タケルくんどうしたの？
オッス！

蓮《れん》が読《よ》みたがってた本《ほん》持《も》ってきた！
SYONENCOMIC
一緒《いっしょ》に読《よ》もうと思《おも》って
どうしたんだ？
カレーを作《つく》りはじめたんだけどお水《みず》の量《りょう》もよくわかんないしごはんも…
なぁ～んだカレーだったらオレにまかせなよ
ではまずお姉《ねえ》さんじゃがいもの皮《かわ》むいて！
蓮《れん》はお米《こめ》を研《と》いで！
そうじゃないよこうするんだこう！
白米
シャカシャカ

タケルくんすごいね
母《かあ》さん仕事《しごと》忙《いそが》しいから時々《ときどき》作《つく》るんだ
グッ
グッ
グッ
蓮《れん》 カレーが出来《でき》るまでその本《ほん》読《よ》んでていいよ
タケルくん今日《きょう》ボクそうじ当番《とうばん》のことで
いやなこと言《い》っちゃったけどごめんよ
わかってる!それよりカレー食《た》べようよ
食《た》べたらいっしょに本読《ほんよ》もうな
うん!
おいしいね~
うん最高《さいこう》!
蓮《れん》にはいつも助《たす》けてもらっているから喜《よろこ》んでくれてうれしいよ
ハハハ…
ヘヘッ…

ただいまー おそくなって ごめんね
おかえり なさーい
おじゃま してまーす
あら?! いいにおい カレー?
ねえねえ お母《かあ》さん タケルくんて すごいんだよ
パッパッパって あっという間《ま》に カレーを 作《つく》っちゃうん だよ
へー すごいわね
ボク一人《ひとり》じゃ ないよ 三人《にん》で 協力《きょうりょく》して 作《つく》ったんだ
え? じゃ 夕飯《ゆうはん》は カレーを作《つく》って 食《た》べたの?
父《とう》さんも 食《た》べた かったなぁ
みんなの 分《ぶん》も あるわよ 食《た》べる?
うん うまい! ねえ 母《かあ》さん
ええ
おいしいわ~

おしまい

ご先《せん》祖《ぞ》さまは、目《め》に見《み》えなくても、

いつもあなたを

見《み》守《まも》ってくださっています。

ひまわり #7

じいちゃんの竹《たけ》とんぼ

・・・おひがんって なに？
そう お彼岸《ひがん》って いうのはね ご先祖《せんぞ》さまを うやまい 亡《な》くなった人達《ひとたち》を しのぶ日《ひ》なんだよ
…………
何《なに》話《はな》して たの？
おじいちゃんに「家族《かぞく》みんな 元気《げんき》でやってますよ ありがとう」って
じいちゃんはもう 亡《な》くなってんのに 話《はな》しかけても しようがないじゃん
そんなことないよ「そうか！ よかったよかった」って言《い》ってたわ

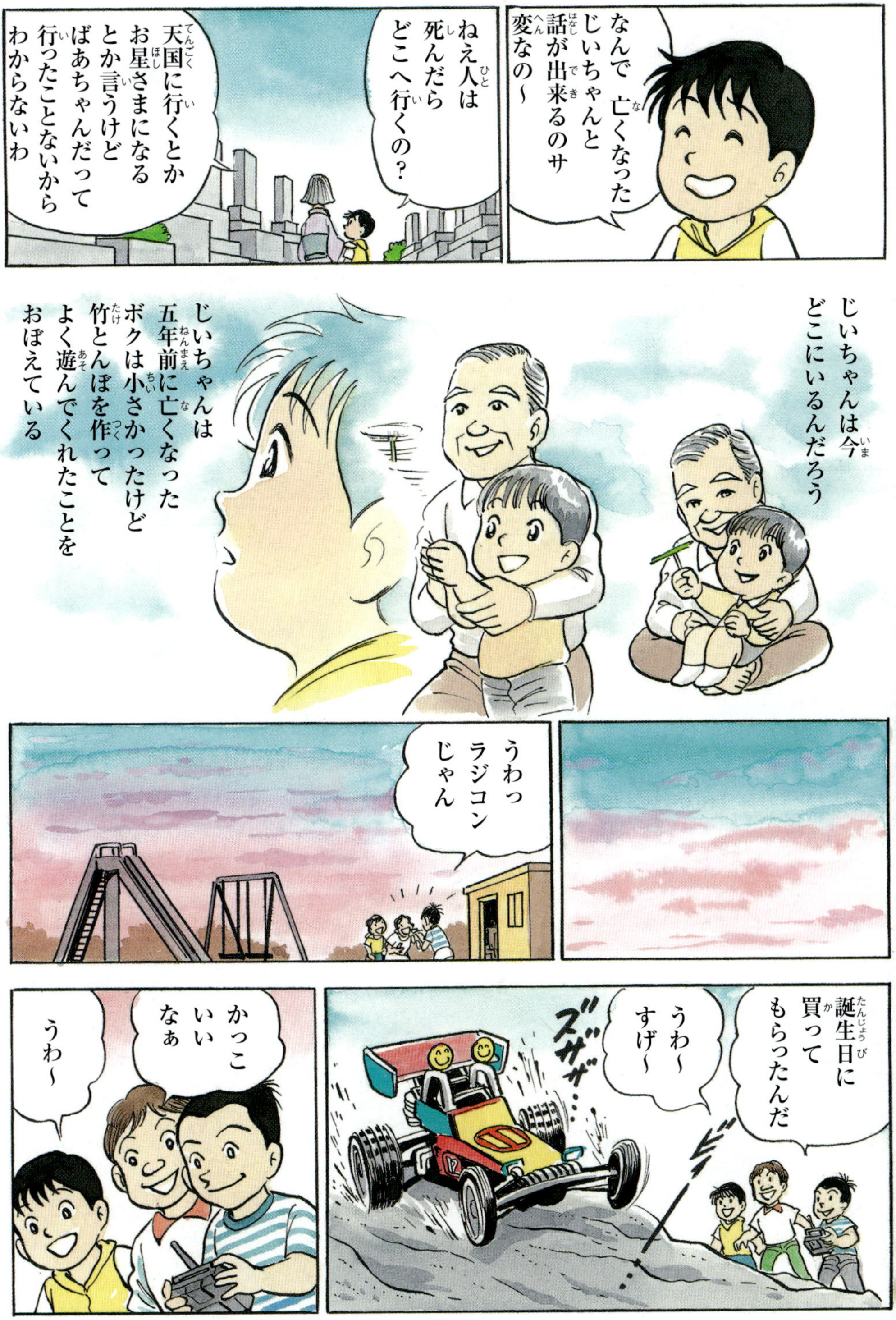
なんで 亡《な》くなったじいちゃんと話《はなし》が出来《でき》るのサ変《へん》なの～
ねえ人《ひと》は死《し》んだらどこへ行《い》くの？
天国《てんごく》に行《い》くとかお星《ほし》さまになるとか言《い》うけどばあちゃんだって行《い》ったことないからわからないわ
じいちゃんは今《いま》どこにいるんだろう
じいちゃんは五年《ねん》前《まえ》に亡《な》くなった
ボクは小《ちい》さかったけど竹《たけ》とんぼを作《つく》ってよく遊《あそ》んでくれたことをおぼえている
うわっラジコンじゃん
誕生日《たんじょうび》に買《か》ってもらったんだ
うわ～すげ～
ズザザ…
かっこいいなぁ
うわ～

カチャカチャ
ねえ ボクにも ちょっと やらせてよ
まだやりはじめた ばかりなのに ダメだよ
それに 操縦法《そうじゅうほう》 知《し》らない だろ?
教《おし》えて くれたら いいじゃ ないか
ねー ボクも ラジコン 欲《ほ》しいよ〜 買《か》ってよ ね〜
何《なに》いってんのよ この間《あいだ》ゲーム買《か》って あげたばかりじゃないの
みんな もってん だよ
みんなって だれよ
おまえも 子《こ》どものころ プラモが欲《ほ》しいって ダダこねたこと あったよね
母《かあ》さん… やめてくれよ
もう…

ゴトン
ガタ…
父《とう》さん 何《なに》か 作《つく》ってるよ 見《み》てきてごらん
コン
コツ
これはな… 父《とう》さんが おまえくらいの 時《とき》に じいちゃんが 作《つく》って くれたんだよ
出来《でき》た！
あ～ 竹《たけ》とんぼだ!!

よく知《し》ってるな
だってちっちゃいころじいちゃんに作《つく》ってもらったもん
うわ〜とんだとんだ!
ちょっと友達《ともだち》と遊《あそ》んでくるね
オレも子《こ》どもの頃《ころ》オヤジに作《つく》ってもらってうれしかったからね
うわ〜なに?それ
すげ〜
竹《たけ》とんぼだよ
それどこで売《う》ってんだ?
売《う》ってないよ父《とう》さんが作《つく》ってくれたんだ
蓮《れん》オレにもやらせてよ
オレも
いいよほら!

うわ〜 どこまで とんで くんだ〜
じゃまた 明日《あした》な！
うん さよなら
今日《きょう》は 楽《たの》しかったな…
じいちゃん 今日《きょう》父《とう》さんに竹《たけ》とんぼを 作《つく》ってもらったよ
そりゃよかったな 父《とう》さんや母《かあ》さんの 言《い》うこと よくきいてるか？
うん
友達《ともだち》とは 仲《なか》よくやってるか
うん！ 今日《きょう》も 竹《たけ》とんぼを とばして 遊《あそ》んだんだ
そりゃ 楽《たの》しかった ろう
あれ？ 今《いま》ボクが 話《はな》してたのは…

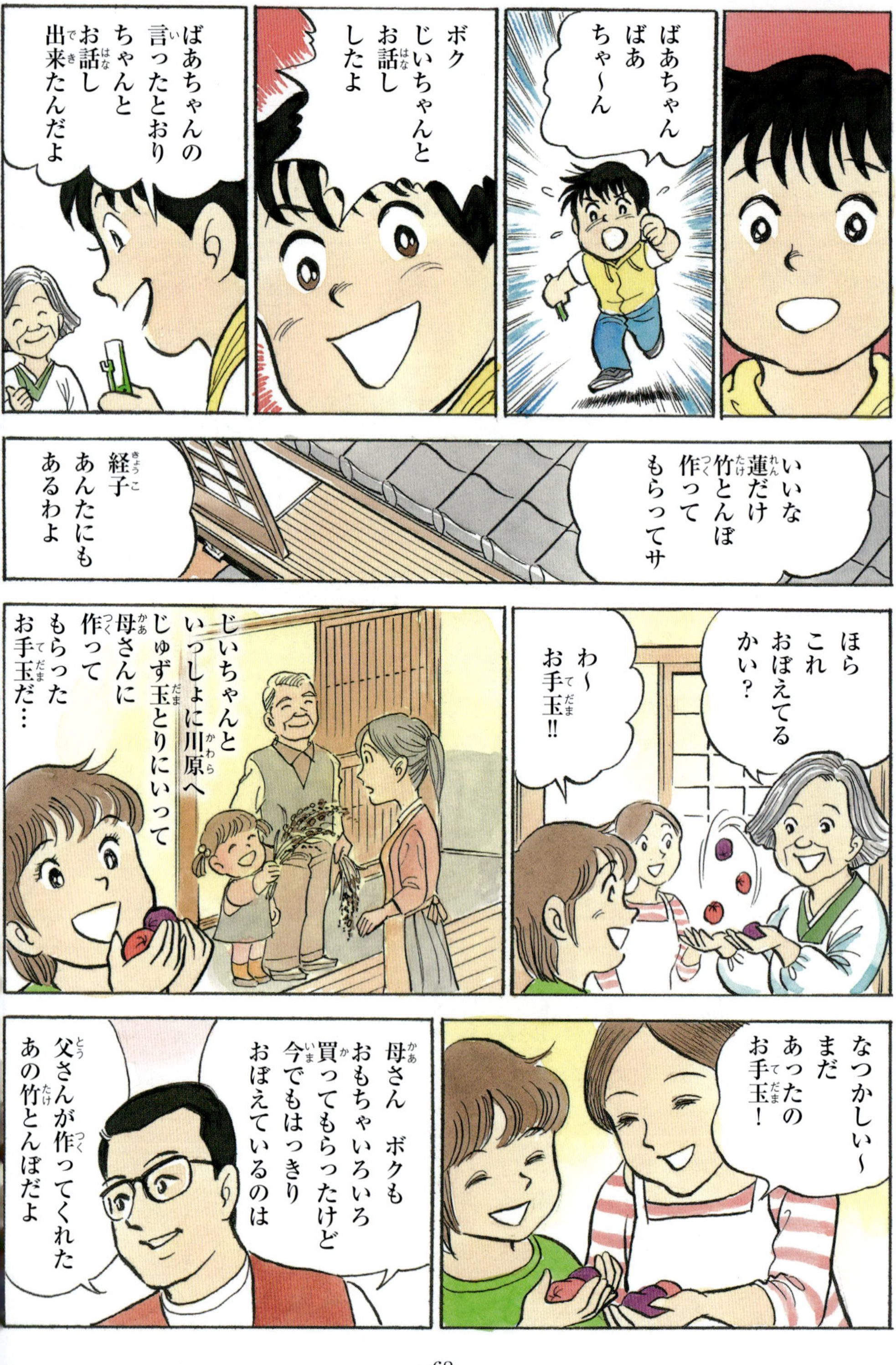

ばあちゃん ばあ ちゃ～ん
ボク じいちゃんと お話《はな》し したよ
ばあちゃんの 言《い》ったとおり ちゃんと お話《はな》し 出来《でき》たんだよ
いいな 蓮《れん》だけ 竹《たけ》とんぼ 作《つく》って もらってサ
経子《きょうこ》 あんたにも あるわよ
ほら これ おぼえてる かい？
わ～ お手玉《てだま》!!
じいちゃんと いっしょに川原《かわら》へ じゅず玉《だま》とりにいって 母《かあ》さんに 作《つく》って もらった お手玉《てだま》だ…
なつかしい～ まだ あったの お手玉《てだま》！
母《かあ》さん ボクも おもちゃいろいろ 買《か》ってもらったけど 今《いま》でもはっきり おぼえているのは
父《とう》さんが作《つく》ってくれた あの竹《たけ》とんぼだよ

手作《てづく》りだもの心《こころ》がこもってるよね
そうだ　じいちゃんはみんなの心《こころ》の中《なか》にいるんだ！
そしてボク達《たち》をいつも見守《みまも》っていてくれる
会《あ》いたくなったらそっと目《め》をつむればいつだって会《あ》える

おしまい

本《ほん》当《とう》の幸《しあわ》せは、
お金《かね》で買《か》うことができません。

ひまわり #8

うれしいこと

おこづかいをたくさんもらった時《とき》です
お金《かね》があればなんでも買《か》えるからね
そうねたしかにお金《かね》も大切《たいせつ》だけど…
何《なん》でも買《か》えるかしら?
スーパーやデパートへ行《い》けばなんでも買《か》えるよ
そうよね
じゃ　こんなものも買《か》えるかしら?〝思《おも》いやり〟〝やさしさ〟どう?
先生《せんせい》　そんな目《め》に見《み》えないもんなんか　売《う》ってるわけないじゃん
そうだよねそんなもの売《う》ってたらおかしいよね
みなさんおうちや学校《がっこう》で「うれしいこと」があったら先生《せんせい》になんでもお話《はな》しして下《くだ》さいね
はーい

蓮《れん》 コンビニ行《い》こうよ
ボクお金《かね》もってないし学校帰《がっこうがえ》りにコンビニに寄《よ》っちゃダメだろ
大丈夫《だいじょうぶ》さ シュンがおごってくれるから…
いいよ～ ボク
あー また タケルくん達《たち》シュンくんにコンビニでおごってもらってる
シュンくんてお金《かね》たくさん持《も》ってきてるんだね
だってシュンくんお金持《かねも》ちのおぼっちゃまだもん お金《かね》があればなんでも買《か》えるって言《い》ってたでしょ
それってなんだかヤ～なかんじ！
サンキュー
それよりおごってもらえるからってノコノコついて行《い》く男子《だんし》いや～ね
じゃ みんなたのんだよ
あ ああ

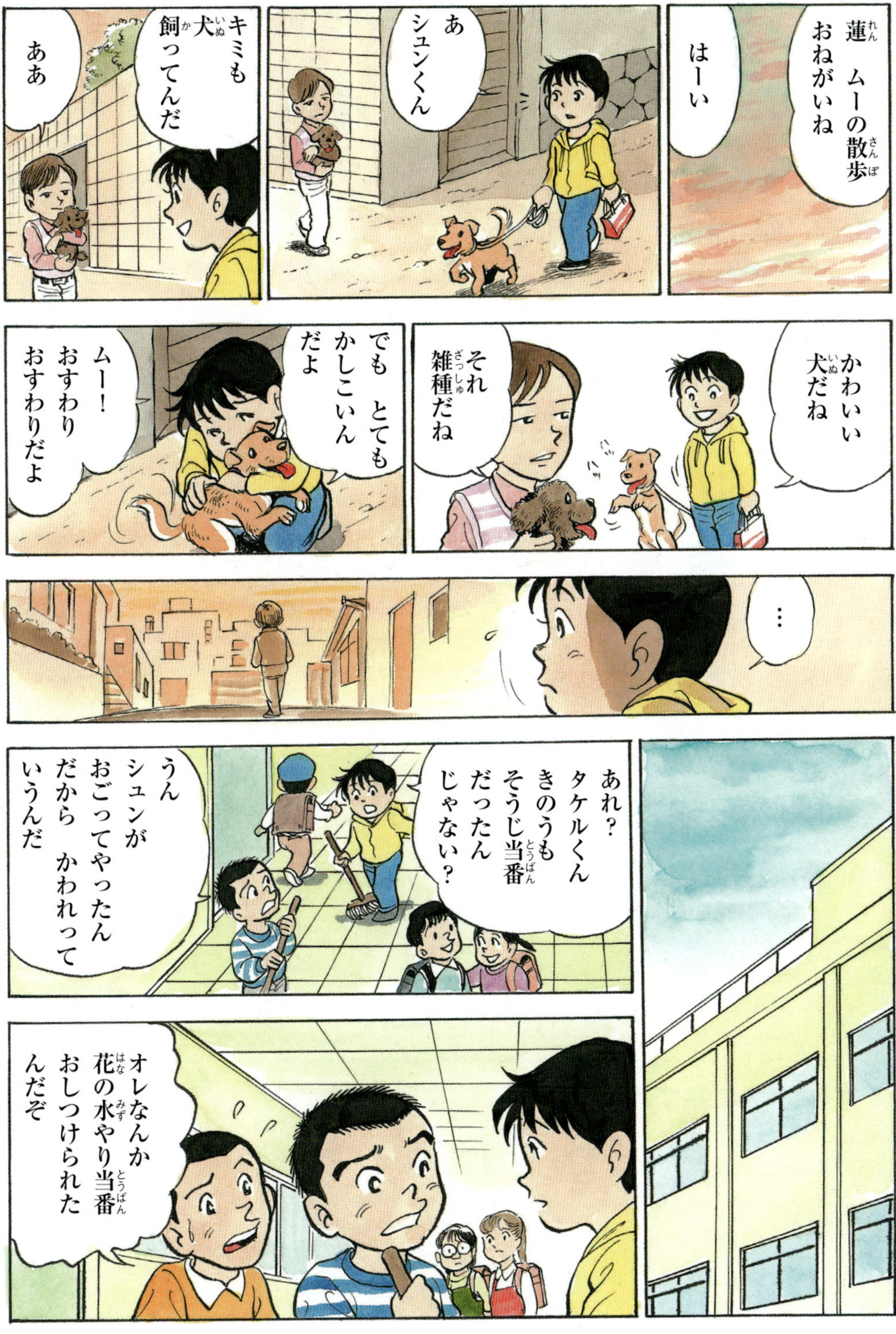
蓮《れん》 ムーの散歩《さんぽ》おねがいね
はーい
あ シュンくん
キミも犬《いぬ》飼《か》ってんだ
ああ
かわいい犬《いぬ》だね
ハッハッ
それ雑種《ざっしゅ》だね
でも とてもかしこいんだよ
ムーー! おすわり おすわりだよ
…
あれ? タケルくん きのうもそうじ当番《とうばん》だったんじゃない?
うん シュンがおごってやったんだから かわれっていうんだ
オレなんか花《はな》の水《みず》やり当番《とうばん》おしつけられたんだぞ

そりゃ あんた達《たち》が 悪《わる》いん でしょう
そうよ 学校帰《がっこうがえ》りに シュンくんについて コンビニなんかへ 行《い》くから
…　…
チャロ
チャロ！
どうしたの？
ボクの犬《いぬ》の チャロが いなく なっちゃった んだ
え～
どう しよう～ 車《くるま》にでも ひかれたら…
心配《しんぱい》ないよ きっと 近《ちか》くにいるよ
いっしょに さがそう

チャロ
ガサ
タケル！ボクんちの犬《いぬ》いなくなっちゃったんだ
シュンだ
茶色《ちゃいろ》のトイプードル見《み》なかった？
ボクの大切《たいせつ》な犬《いぬ》なんだ
キミらもいっしょにさがしてくれよ
…
みつけたらおしえてくれよ～
いつもどこ散歩《さんぽ》させてるの？
公園《こうえん》から川原《かわら》に出《で》て…
よし行《い》ってみよう
シュンくんの犬《いぬ》がいなくなっちゃったんだって
茶色《ちゃいろ》のトイプードルでチャロというんだ

わかった
クミコと
いっしょに
さがして
みる！
シュンくんの
犬《いぬ》が　迷子《まいご》なの
今《いま》
蓮《れん》くん達《たち》が
さがしてるの
手伝《てつだ》って！
いいわよ
蓮《れん》くんが
困《こま》ってるって！
つきあえよ
チャロ！
チャロ！
タケル！
どうだ
みつかった
か？
まだだ！
蓮《れん》
オレ達《たち》
あっち
みてくる！
うん
たのむよ
お〜い
いたぞ〜
この犬《いぬ》
かぁ〜
!?

チャロ!
どこへ 行《い》ってたんだ! 心配《しんぱい》したよ
シュンくん よかったね
ウウ…
グスッ グスッ…
もう みつかったんだ 泣《な》かなくても いいだろ?
ちがうんだ みんなが チャロを 一生懸命《いっしょうけんめい》 さがしてくれた ことが うれしいんだ
みんな ありがとう
先生《せんせい》 今日《きょう》こんな うれしいことが あったんだ 今度《こんど》話《はな》すね

おしまい

すべての生《い》き物《もの》には尊《とうと》い命《いのち》があります。

ひまわり #9

花《はな》とともだち

よー 花田《はなだ》 女子《じょし》と花《はな》の 世話《せわ》して 楽《たの》しいか〜
男《おとこ》の くせに 花《はな》だって 〜
これから 花子《はなこ》って よぼうぜ
先生《せんせい》に 花《はな》をあげたら テストの点《てん》 どれくらい よく してくれるんだ？ 花子《はなこ》ちゃん
そんなこと あるわけ ないだろ！ それにボク 花田《はなだ》だ 花子《はなこ》なんかじゃ ないよ
いいじゃん 花子《はなこ》で なあ
ホントは 女子《じょし》 なんじゃ ないの？
なに〜
ほっとき なさいよ 花田《はなだ》くん
ボーン
わあっ
ポ
ポーン

も～どこへけってるんだよ～
蓮《れん》早《はや》くしろ
うりゃ
むっ
何《なに》してんだよ！花《か》だんだよそこ!!
あ

ボ、ボク達《たち》が育《そだ》てた花《はな》がメチャメチャじゃないか～
花《か》だんの近《ちか》くでボール遊《あそ》びしないでっていっただろ⁉
ご、ごめん
大丈夫《だいじょうぶ》？痛《いた》くないか？
すぐよくなるからね

今度《こんど》は花《はな》とお話《はな》しか〜
花《はな》が何《なに》か返事《へんじ》してくれたかぁ？
へへッバッカみたい
じゃあな花子《はなこ》ちゃんハハハ…
見《み》てたのか？
あいつらひどいこというなぁ
蓮《れん》くんも男《おとこ》のボクが花《はな》の世話《せわ》をしたり花《はな》に話《はな》しかけてるのって変《へん》だと思《おも》う？
思《おも》わないけど話《はな》しかけるってのは　ちょっと…
蓮《れん》くん犬《いぬ》か猫《ねこ》飼《か》ってる？
うん犬《いぬ》！ムーっていうんだ
話《はな》しかけないか？ムーに言《い》ったことムーはわかるだろ？
うんいつも話《はな》してるボクのいうこと何《なん》でもわかるよ

それといっしょだよ植物《しょくぶつ》は動物《どうぶつ》とちがってしゃべらないし動《うご》いたりしないけど同《おな》じ生《い》きものだもん話《はな》しかけたらきっとわかるはずさ
あ…そうかぁ～
この花《はな》はここで芽《め》を出《だ》して花《はな》を咲《さ》かせそしてここで枯《か》れていくんだ
短《みじか》い間《あいだ》だけどボク達《たち》は最後《さいご》まで世話《せわ》して見守《みまも》ってやらなきゃって思《おも》うんだ
すごいな～ボクなんかよりずーっと大人《おとな》なんだ…花田《はなだ》くんて
水《みず》をやったら帰《かえ》ろうか
じゃ私《わたし》水《みず》くんでくるね
ユリちゃん重《おも》いから気《き》をつけてね

ジャー
水を大切に
水を大切に
あっ
ゴン!
…
ユリちゃん!
大丈夫《だいじょうぶ》か? ユリちゃん
先生《せんせい》 ユリちゃんの足《あし》 折《お》れてない?
保健室
心配《しんぱい》ないわ スリキズ だけよ
太《ふと》くんて らんぼうな子《こ》だと 思《おも》ってたけど ほんとうは やさしいんだね

太《ふとし》くん ありがとう もう一人《ひとり》で歩《ある》ける ……私《わたし》 水《みず》くんで いかなきゃ!
花田《はなだ》はいつも ユリちゃんに あんな重《おも》い 水《みず》くみを させてるのか
ううん 私《わたし》は今日《きょう》が はじめてよ 水《みず》は花田《はなだ》くんが毎日《まいにち》 何度《なんど》も往復《おうふく》して 運《はこ》んでくれてるの
えっ⁉ 一人《ひとり》で 何度《なんど》も?
おい ちょっと 来《こ》い!
ユリちゃん おそいな
花子《はなこ》が毎日《まいにち》 運《はこ》んでるんだ オレ達《たち》に 持《も》てねーわけ ねーよ
でも 重《おも》てぇ〜
え? ど どう いうこと?
花田《はなだ》 水《みず》くみは オレ達《たち》に いつでも いってくれ

おしまい

心《こころ》にゆとりを持《も》つと、
世《せ》界《かい》が明《あか》るくなります。

ひまわり #10

親《しん》友《ゆう》

あの時《とき》ボクが三振《しん》しなきゃ試合《しあい》勝《か》てたのに…
すんだことは気《き》にすんなよ次《つぎ》の試合《しあい》頑張《がんば》ればいいさ
さあ帰《かえ》ろう
翌日《よくじつ》
ケン！どうした？仲間《なかま》に入《はい》る？
いやそうじゃなくて…
キミ達《たち》いつもいっしょで楽《たの》しそうだから見《み》てたんだ

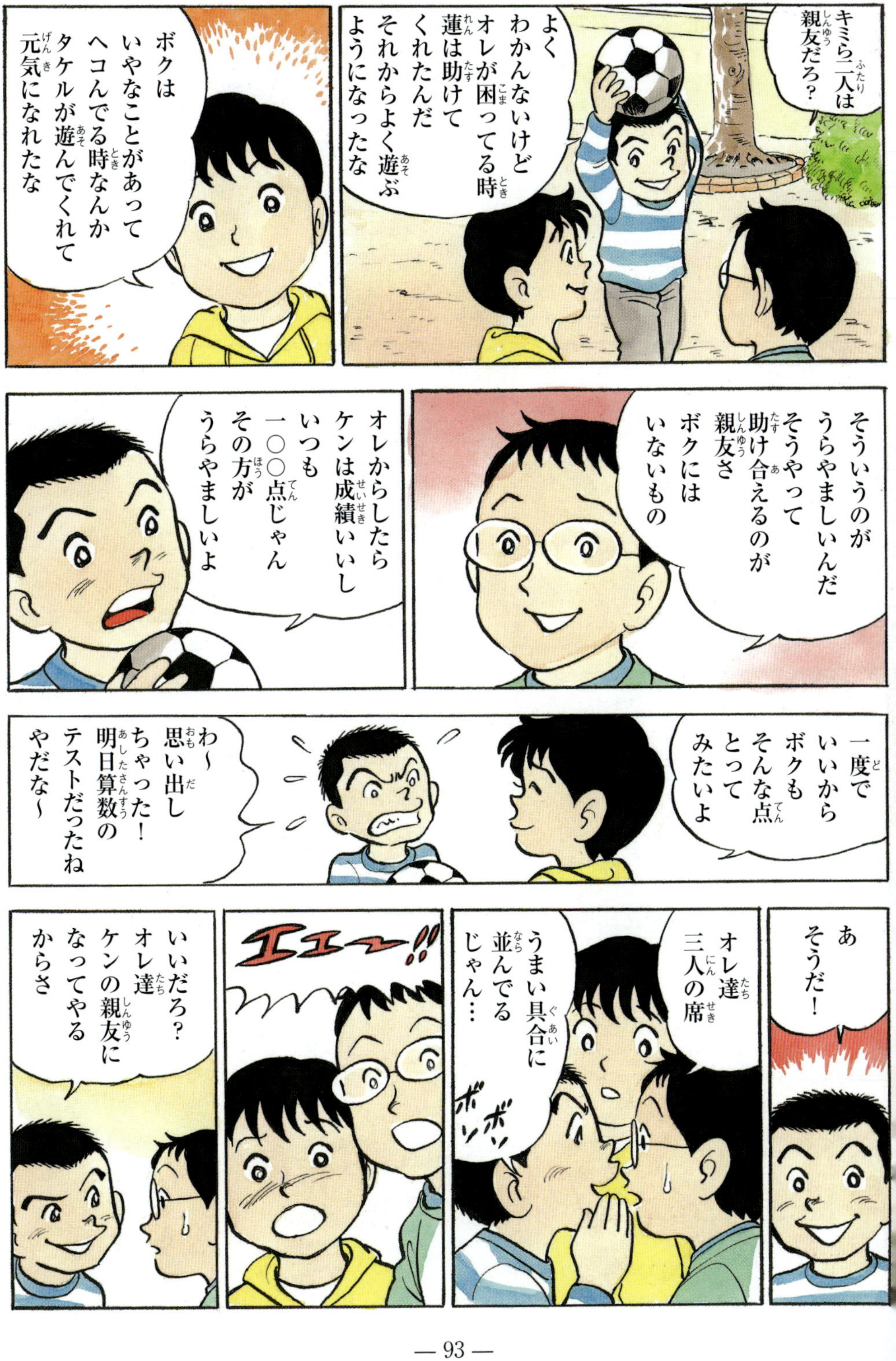
キミら二人《ふたり》は親友《しんゆう》だろ?
よく わかんないけど オレが困《こま》ってる時《とき》 蓮《れん》は助《たす》けて くれたんだ それからよく遊《あそ》ぶ ようになったな
ボクは いやなことがあって ヘコんでる時《とき》なんか タケルが遊《あそ》んでくれて 元気《げんき》になれたな
そういうのが うらやましいんだ そうやって 助《たす》け合《あ》えるのが 親友《しんゆう》さ ボクには いないもの
オレからしたら ケンは成績《せいせき》いいし いつも 一〇〇点《てん》じゃん その方《ほう》が うらやましいよ
一度《ど》で いいから ボクも そんな点《てん》 とって みたいよ
わ〜 思《おも》い出《だ》し ちゃった! 明日算数《あしたさんすう》の テストだったね やだな〜
あ そうだ!
オレ達《たち》 三人《にん》の席《せき》
うまい具合《ぐあい》に 並《なら》んでる じゃん…
ボソ ボソ
エエ〜!!
いいだろ? オレ達《たち》 ケンの親友《しんゆう》に なってやる からさ

翌日《よくじつ》
ケン たのむぞ
あわてずに よーく 考《かんが》えて やるのよ
う〜 さっぱり わかんねぇ
ケン まだか？
うほ〜 丸見《まるみ》え！
蓮《れん》 見《み》えるか？
カラーンコローン
はい 時間《じかん》よ 後《うし》ろから 集《あつ》めて！
ケン どうだ？ 答案《とうあん》は 完璧《かんぺき》か？
ああ まちがいなく 一〇〇点《てん》の はずさ
やった〜 人生《じんせい》 初《はつ》の 一〇〇点《てん》 だ〜
……

ケン いっしょに サッカー やろうぜ
いいよ ボク運動《うんどう》は 苦手《にがて》なんだ
そんなこと いわないで やろうよ
そこの三人《にん》！ ちょっと 来《き》なさーい!!
おっ さっそく 先生《せんせい》 ほめてくれる のかな
ボク いやな予感《よかん》が するんだけど
三人《にん》とも98点《てん》！ しかも同《おな》じ所《ところ》を 同《おな》じまちがい!!
どういうこと かしら!?
一〇〇点《てん》 じゃない!!
テストは日頃《ひごろ》の 勉強《べんきょう》の成果《せいか》を ためすものよ 何《なに》をしたか正直《しょうじき》に 答《こた》えなさい！
先生《せんせい》 ごめんなさい ボク、タケル の答案《とうあん》を カンニング しました
ボクは ケンのを… ごめんなさい
なんで… どうして まちがえ たんだ？
今《いま》から 同《おな》じテストを もう一度《ど》やって もらいます

三人《にん》とも こんな不正《ふせい》は もう二度《ど》と いけませんよ
は〜い
ケンくん よく 出来《でき》ました
タケルくんと 蓮《れん》くんは もうちょっと 勉強《べんきょう》しなきゃね
算数テスト 名前 中城ケン 98
算数テスト 名前 南蓮 65
名前 古田タケル 58
さてと 帰《かえ》るか
ケン ……
どうした?
同《おな》じ問題《もんだい》を 二度《ど》とも まちがえた…
いいじゃ ないか また98点《てん》 なんだろ?
いつも一〇〇点《てん》しか とらないボクが、98点《てん》だぞ 二回《かい》も! ボクのこのくやしい気持《きも》ち 君《きみ》らにわかるか!?
そんなの わかんねー よ〜 オレなんか 58点《てん》 だもん
クシャ クシャ
ダメだよ そんなこと しちゃ!
答《こた》えをなぜ ミスしたのか、どこを どうまちがえたのか チェックしなきゃ!

はい
悪《わる》いけどボク、帰《かえ》って間違《まちが》いをチェックしたいから先《さき》に行《い》くよ
あれくらいやらないと一〇〇点《てん》はとれないいんだな
ボクらも帰《かえ》ってテストの復習《ふくしゅう》しようか
翌朝《よくあさ》
おはよう
おはよう
おいケン！顔色《かおいろ》悪《わる》いよ
朝《あさ》まで考《かんが》えたんだけどなぜまちがえたのか、原因《げんいん》はわからなかったんだ…
どうしよう…これではいつまでたっても一〇〇点《てん》はとれない…
勉強熱心《べんきょうねっしん》なのはいいけど…あまりクヨクヨしない方《ほう》がいいよ

ケン、一度《ど》
テストのこと
忘《わす》れて
野球《やきゅう》しようよ
おー
ヘコんだ時《とき》は
体《からだ》を動《うご》かすんだ
打《う》ってみろ
スカッと
するぜ
ボクには
無理《むり》だよ
いいから
いいから
いくよ
ビュッ
もういっちょう
いくよ
だめだよ
かすりも
しない
ハァ
ハァ
リキみすぎ！
肩《かた》の力《ちから》
ぬかなきゃ

なんだろう
はじめてだ
こんな爽快《そうかい》な気《き》持《も》ち……
ケン！
リラックス
リラックス
ビュッ
パコーン
あたった……
やったね
なんかわかったような気《き》がする
ボク、一〇〇点《てん》とること
ばかり考《かんが》えて
リキみすぎてた……
蓮《れん》くん
タケルくん
ありがとう

おしまい

人《ひと》のいいところはお手《て》本《ほん》にして見《み》習《なら》い、
悪《わる》いところは
真《ま》似《ね》をしないようにしましょう。

ひまわり #11

きれいなボール

スタッ
ピュッ
パシッ
センター
ライト！
あ
アキラ……
なにやってんだよ～

アキラ！ もう いっちょう
わっ
あちゃ～ まただ
ありがとう ございました
今年《ことし》の監督賞《かんとくしょう》はだれだろ？
ん 何《なに》？ それ…
高井《たかい》くんは途中《とちゅう》から入《はい》ったから知《し》らないんだ
一年間《ねんかん》 一番《ばん》頑張《がんば》った子《こ》に監督《かんとく》から賞《しょう》がもらえるんだよ
去年《きょねん》はタケルがもらったんだよな
今年《ことし》もオレがいただくかぁ
オレはコウちゃんだと思《おも》うけどな
そりゃ蓮《れん》くんだろ！ よーく打《う》ったもん
そうだな 蓮《れん》くんが最有力《さいゆうりょく》だな

そして一週間後《しゅうかんご》
ありがとうございました
さあ帰《かえ》ろうぜ
まだアキラが…
何《なに》やってんだ？アイツ
ボールをさがしてるんだよ
今日《きょう》も何度《なんど》も外野《がいや》へボールそらしてただろ
ガサ
ガサ
アキラー見《み》つかったかぁ～？
ごめんごめんおそくなって…
みんな待《ま》ってくれてたんだ！ありがとうあとはボクが片《かた》づけとくよ
ハァ
ハァ
ハァ
じゃたのんだよ
アキラ
なんだ　おまえまだいたのか

ジャー
あ…はい もう帰《かえ》ります
今年《ことし》の監督賞《かんとくしょう》はアキラおまえだ
おめでとう
え？
おい アキラ！ おまえだよ
やったな！
え？ …ボクが!?
よかったな アキラ
よかったな

監督《かんとく》！
ボクのようなヘタッピーがこんな賞《しょう》もらえません他《ほか》にもっと…
アキラおまえが一番《ばん》ふさわしいんだ
カチャ
なんでボクじゃなくてアキラなんだ!?
そりゃアキラくんの方《ほう》が頑張《がんば》ったからだろ？
蓮《れん》が知《し》らないだけで　努力《どりょく》したんじゃないのか
なんだい父《とう》さんまで…

アキラ
またボール
さがしか?
アキラ〜
まだかぁ
ゴソ ゴソ
あった!!
ボールそこに
集《あつ》めといたから
あとは頼《たの》むよ
蓮《れん》
ヘルメット
は?
あ
いけね
取《と》ってくる
待《ま》ってて
くれよ

アキラ…いつもこんなことしてたのか？
きれいなボールだと気持《きも》ちよく野球《やきゅう》できるだろ？
アキラのおかげで毎週《まいしゅう》 きれいなボールで野球《やきゅう》ができてたんだ
それをボクはアキラのことうらやんでた…
恥《は》ずかしい…
キュ キュッ
ボク手伝《てつだ》うよ…
何《なに》してんだよ…ずーっと待《ま》ってんのに
ヘルメットあったか？
え～そうだったの？知《し》らなかった
アキラ一人《ひとり》にやらせて悪《わる》かったな！
オレ達《たち》も来週《らいしゅう》から手伝《てつだ》うからな

おしまい

相手《あいて》の立場《たちば》に立《た》って、考《かんが》え行動《こうどう》すると、
お互《たが》いが笑顔《えがお》になります。

ひまわり #12

逆《さか》上《あ》がり

まず しっかり握《にぎ》って足《あし》で地面《じめん》をポンとけってクルリだ
さあ やってみな
…
ポンとけってクルリだ
あ～ダメだ
こんなカンタンな事《こと》どうしてできないんだ!
よく見《み》てな
それ!
くるっ
な? カンタンだろ
あとこんな事《こと》もできるぞ
ボクだって!
ハハハ すごいだろ
ジェットジャンプ!
こうもり降《お》り!

ボク帰《かえ》る…
なんだよ～練習《れんしゅう》しないのか？
おまえら友《とも》に逆上《さかあ》がりを教《おし》えてやるんじゃないのか！
自分達《じぶんたち》の自慢《じまん》してただけじゃん
そういえば姉《ねえ》ちゃんにわからない算数《さんすう》の問題《もんだい》教《おし》えてってきいた時《とき》
あの時《とき》…姉《ねえ》ちゃんも
こんなカンタンな問題《もんだい》できないの?!
わかんないからきいてるんじゃないか～
こんなのこうして…チョイチョイのチョイと…
はい！できたわかった？
わかんないよ～
十の位《くらい》にかけて一の位《くらい》をここにさっきの十の位《くらい》と…
シャカ
シャカ
シャカ
こんなのテレビ見《み》ながら五分《ふん》でできちゃうわ
もういいよ！

姉《ねえ》ちゃん早《はや》くできることばかり自慢《じまん》してできないボクにちっともわかるように教《おし》えてくれなかった
今《いま》の　友《とも》くんもそんな気持《き も》ちだったのかな
おはよう
蓮《れん》くん！
軽《かる》く助走《じょそう》つけてみたら？
そうそう
前《まえ》よりずいぶん足《あし》が上《あ》がるようになったね
本当《ほんとう》!?
なんだか自信《じしん》ついてきたよ
毎日《まいにち》　友《とも》くん頑張《がんば》ってるもんな蓮《れん》くんの教《おし》え方《かた》がいいんだよ
ハァハァ
あ〜おしいな〜もうちょいだ
逆上《さかあ》がりができたって時《とき》ってね空《そら》と地面《じめん》がグルッと回《まわ》って気持《きも》ちいいんだよ
え〜どんななんだろう？
もう一度《ど》やるから見《み》てて！
OK！

やっぱり ボクには 逆《さか》上《あ》がりは 無《む》理《り》なんだ よ…
そんな ことないよ もう少《すこ》しで できるよ きっと！
蓮《れん》くんは運動《うんどう》は なんでもできるから 運動《うんどう》オンチの ボクの気《き》持《も》ちなんか わかんないよ！
ボクね 算数《さんすう》が苦手《にがて》で みんなができるのに ボクだけできない事《こと》が よくあるんだ… くやしくて くやしくて…
だから少《すこ》しは 友《とも》くんの気《き》持《も》ち わかるんだ
もう一度《ど》 練習《れんしゅう》して みようよ
ボク 友《とも》くんの 逆《さか》上《あ》がりが見《み》たいし 空《そら》と地面《じめん》が グルッと回《まわ》るのを 見《み》せたいんだ
蓮《れん》くん…
ボク もう一度《ど》 頑張《がんば》ってみるよ

もう そろそろ 帰《かえ》ろうか
蓮《れん》くん 先《さき》に帰《かえ》って いいよ なんだかできそうな気《き》がするんだ
できた！ できたよ！ 逆《さか》上《あ》がり！
本当《ほんとう》!?
いくよ 見《み》ててよ
ドッ
あれ？
どうした？ 早《はや》く やれよ
う うん…

落《お》ちついて！
うん
ウッ！
なんだいできないじゃん
おかしいなさっきはできたのに…
本当《ほんとう》にできたかどうかあやしいもんだぜ
友《とも》くんが嘘《うそ》ついてるっていうのか!?
できたって喜《よろこ》んでるのに信《しん》じてやれよ
いいよ蓮《れん》くん
今《いま》はできなかったけど　コツはもうわかったから
数日後《すうじつご》
蓮《れん》くん!!
どうした?
うわあ
くるっ
蓮《れん》くんに一番《ばん》に見《み》せたかったんだ

やった〜〜やった〜〜
もう何回《なんかい》だってできるよ
やったな〜〜
何《なに》さわいでるんだ？
友《とも》が 逆上《さかあ》がりできたってさ
なんだい逆上《さかあ》がりくらいで
うれしいんだよ
だれだって最初《さいしょ》から逆上《さかあ》がりできたわけじゃないだろ
はじめてできた時《とき》ってうれしかっただろ？
…
本当《ほんとう》だね空《そら》と地面《じめん》がグルッと回《まわ》ったよ気持《きも》ちよかったぁ〜
だろ!!

おしまい

南家の人々（左から）

無　（犬のムー）

妙子　（たえこ）

法夫　（のりお）

蓮　（れん）

華　（はな）

経子　（きょうこ）